28 Février 1910.

Marqué P

Collection de Madame de X...

MINIATURES

ET

OBJETS DE VITRINE

ÉVENTAILS

PARIS — 1910

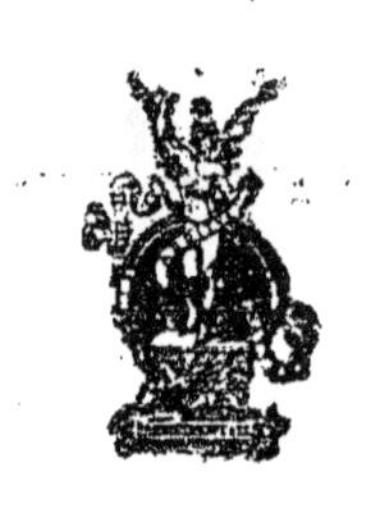

CATALOGUE

DES

Éventails Anciens

MINIATURES DU XVIIIe SIÈCLE

ET AUTRES

Encadrées ou montées sur Boîtes

OBJETS DE VITRINE

ÉTUIS, BOITES, BONBONNIÈRES, ETC.

En Émail, Vernis, etc.

BIJOUX ET OBJETS DIVERS

Composant la Collection de Madame de X...

Et dont la Vente aux enchères publiques

AURA LIEU, A PARIS

HOTEL DROUOT, SALLE N° 7

Les Lundi 28 Février et Mardi 1er Mars 1910

A DEUX HEURES PRÉCISES

COMMISSAIRE-PRISEUR	EXPERTS
Me F. LAIR-DUBREUIL	**MM. PAULME & B. LASQUIN Fils**
6, rue Favart	10, rue Chauchat | 11, r. Grange-Batelière

Chez lesquels se trouve le présent Catalogue

EXPOSITION PUBLIQUE

Le Dimanche 27 Février 1910, de 2 heures à 6 heures

CONDITIONS DE LA VENTE

Elle sera faite au comptant.

Les adjudicataires paieront *dix pour cent* en sus des enchères.

L'exposition mettant le public à même de se rendre compte de l'état et de la nature des objets, aucune réclamation ne sera admise une fois l'adjudication prononcée.

ORDRE DES VACATIONS

Le Lundi 28 Février 1910

Éventails anciens et de style. . . . . 1 à 61

Miniatures et Émaux encadrés (Partie). . . . . 62 à 112

Le Mardi 1er Mars 1910

Miniatures et Émaux encadrés (Fin). . . . . . 113 à 166

Miniatures montées sur boîtes . . . . 167 à 195

Objets de vitrine, etc. . . . . 196 à 223

Paris. — Imp. de l'Art, Ch. Berger, 41, rue de la Victoire.

DÉSIGNATION

ÉVENTAILS

ANCIENS ET DE STYLE

1 — Éventails en os ou ivoire ajouré. Quatre pièces.

2 — Éventails en os ajouré, avec sujets variés au vernis. Trois pièces.

3 — Éventails en corne ou écaille, avec sujets variés : Fleurs ou figures au vernis. Quatre pièces.

4 — Éventails à monture laquée et feuille à personnages chinois. Deux pièces.

5 — Éventails à monture d'ivoire ou écaille, l'un à feuille en dentelle et petits médaillons, l'autre à paillettes. Deux pièces.

6 — Éventails à monture d'os ou d'ivoire ; feuilles en soie ou satin, avec médaillons en gravures en couleur à sujets variés. Trois pièces.

7 — Éventails à monture d'os, ivoire ou nacre; feuilles peintes ou gravées à sujets variés. Quatre pièces.

8 — Deux petits éventails en ivoire, décorés au vernis d'attributs et sujet à personnages.

9 — Éventail de l'époque révolutionnaire : Gravure satirique.

10 — Éventail à monture d'ivoire ; feuille peinte à personnages et portrait d'un prince dans un médaillon aux aigles d'Autriche.

11 — Éventail en ivoire ajouré et décoré au vernis : Sujet pastoral galant et fond d'or.

12 — Éventail à monture de nacre ajourée, gravée et dorée; feuille peinte à la gouache : Médaillons à sujets galants sur fond de fleurs.

13 — Éventail en ivoire, décoré au vernis : Vénus, amours et colombes.

14 — Éventail à monture d'os ajouré et sculpté; feuille peinte : Sujet historique.

15 — Éventail en ivoire, décoré au vernis : Médaillons à sujets mythologiques et pastoraux.

16 — Éventail Louis XV à monture de nacre gravée et feuille peinte à la gouache : Sujet historique.

17 — Éventail en ivoire, décoré au vernis sur les faces de sujets à personnages historiques ou allégoriques.

18 — Éventail Louis XVI à monture d'ivoire et feuille peinte : Composition champêtre.

19 — Éventail en ivoire, décoré au vernis sur ses deux faces, d'un côté, marine; de l'autre, sujet à nombreuses figures.

20 — Éventail Louis XVI à monture d'os ajouré et feuille peinte à la gouache : Composition champêtre.

21 — Éventail en ivoire, décoré au vernis de sujets à personnages antiques.

22 — Éventail Louis XVI à monture d'ivoire et feuille peinte à la gouache : Sujet pastoral.

23 — Éventail en ivoire, décoré au vernis : Médaillons avec vues de châteaux, jardins et personnages.

24 — Éventail à monture d'ivoire ajouré et sculpté et feuille peinte décorée d'un médaillon gravé : Femme avec voile et deux petits paysages.

25 — Éventail en ivoire, décoré au vernis : Sujet galant dans le goût de Watteau.

26 — Éventail à monture d'ivoire ajouré et gravé, avec feuille peinte à la gouache : Sujet allégorique à personnages.

27 — Éventail en ivoire, décoré au vernis : Réunion dans un parc.

28 — Éventail à monture de nacre ajourée et partiellement dorée; la feuille peinte à l'aquarelle : Fiançailles royales.

29 — Éventail Louis XV à monture d'ivoire ajouré, peint et doré; feuille peinte à la gouache : le Festin au château.

30 — Éventail Louis XV à monture d'ivoire ajouré et gravé; feuille peinte à l'aquarelle : Vénus chez Vulcain.

31 — Éventail Louis XVI à monture d'ivoire ajouré, gravé et doré; feuille en soie brodée à paillettes et médaillons à personnages, amours et attributs.

32 — Éventail Louis XVI à monture d'ivoire ajouré, gravé et doré; feuille peinte à médaillons : Amours enchaînés, fond argenté.

33 — Éventail Louis XV à monture d'ivoire ajouré, peint et doré; feuille peinte à l'aquarelle : Sujet biblique.

34 — Éventail Louis XV à monture de nacre ajourée, gravée et partiellement peinte et dorée ; feuille peinte à la gouache : Triomphe d'Alexandre.

35 — Éventail Louis XV à monture d'ivoire ajouré et finement gravé ; feuille peinte à l'aquarelle : Composition pastorale.

36 — Éventail Louis XV à monture de nacre ajourée, gravée, partiellement peinte et dorée ; feuille décorée à l'aquarelle : Composition pastorale.

37 — Éventail à monture d'ivoire ajouré, gravé et peint ; feuille peinte à l'aquarelle et gouache : Composition allégorique à nombreux personnages.

38 — Éventail à monture d'ivoire ajouré, gravé, peint et doré ; feuille à la gouache, sujet à personnages dans un intérieur : la Discussion.

39 — Éventail à monture d'ivoire et nacre gravés ; feuille peinte à l'aquarelle : le Char de Vénus.

40 — Éventail Louis XV à monture de nacre ajourée, gravée et posée or ; feuille peinte : Sujet allégorique à nombreux personnages.

41 — Éventail à monture de nacre ajourée, gravée et posée or ; feuille peinte à la gouache, offrant un sujet pastoral dans un médaillon.

42 — Éventail Louis XV à monture de nacre ajourée et posée or; feuille peinte à l'aquarelle : Médaillon d'attributs; au centre, sujet allégorique.

43 — Éventail Louis XVI à monture d'ivoire ajouré, gravé et posé or; feuille peinte à la gouache : Composition à plusieurs personnages dans le goût de Teniers.

44 — Éventail Louis XV à monture de nacre ajourée, gravée et posée or; feuille peinte à la gouache : Allégorie de l'Hymen.

45 — Éventail Louis XV à monture d'ivoire ajouré, gravé et posé or; feuille peinte à la gouache, offrant dans trois médaillons des marines animées de personnages.

46 — Éventail Louis XV à monture d'ivoire et nacre ajourés, gravés et posés or; feuille peinte à la gouache : Composition galante dans le goût de Watteau.

47 — Éventail à monture de nacre ajourée, gravée et posée or : feuille peinte : le Serment d'amour.

48 — Éventail à monture de nacre ajourée, gravée et peinte; feuille à l'aquarelle, sujet allégorique : Guerriers romains conduits par Minerve.

49 — Éventail Louis XVI à monture d'ivoire ajouré, gravé et posé or ; feuille en soie brodée à paillettes et ornée de médaillons peints à la gouache : les Plaisirs champêtres.

50 — Éventail Louis XV à monture de nacre ajourée, gravée et posée or ; feuille peinte, figurant une allégorie des Vendanges.

51 — Éventail Louis XV à monture d'ivoire ajouré, gravé à personnages, feuille peinte à l'aquarelle : Pastorale, d'après Boucher.

52 — Éventail à monture de nacre ajourée, gravée et posée or ; feuille peinte, offrant au centre un médaillon : Zéphyre et Flore et deux autres médaillons d'Amours.

53 — Éventail à monture de nacre ajourée, gravée et rehaussée ; feuille peinte, offrant dans un paysage un groupe de deux amants et des amours.

54 — Éventail Louis XV à monture d'écaille ajourée, gravée et posée or ; feuille peinte à la gouache : Composition allégorique à nombreux personnages.

55 — Éventail Louis XVI à monture de nacre ajourée, finement gravée et posée or ; la feuille, peinte à la gouache sur soie brodée à paillettes, offre trois compartiments à sujets de personnages en riches toilettes ; au centre, le Marchand de bijoux ; de chaque côté, deux petites compositions analogues.

56 — Éventail à monture de nacre ajourée, gravée et posée or ; feuille en soie brodée à paillettes, à trois compartiments, dont le principal, au centre, peint à la gouache, offre un sujet pastoral : le Joueur de vielle.

57 — Éventail à monture d'ivoire, décoré au vernis ; la feuille, peinte à la gouache, offre dans trois compartiments des pastorales : les Plaisirs champêtres.

58 — Éventail Louis XV à large monture d'ivoire ajouré et gravé, simulant la dentelle ; feuille peinte à la gouache : les Plaisirs de l'escarpolette.

59 — Éventail Louis XVI à monture d'ivoire ajouré, gravé et posé or ; la feuille en soie brodée à paillettes est décorée de trois médaillons peints à la gouache, dont le principal, au centre, offre une belle composition à nombreux personnages symbolisant l'Offrande à l'Hyménée.

60 — Éventail Louis XVI à monture d'ivoire ajouré, gravé et posé or ; la feuille peinte à la gouache offre une composition d'après J.-B. Leprince : la Danse champêtre.

61 — Éventails à monture d'os ajouré, gravé et doré ; feuilles brodées et peintes à sujets divers. Trois pièces.

MINIATURES ET ÉMAUX
ENCADRÉS

62 — Trois miniatures, fixés sous verre : Paysage et marine.

63 — Trois petites miniatures, fixés sous verre de forme ronde : Paysages ou marines.

64 — Deux miniatures, fixés sous verre de forme ronde : Paysages animés de petits personnages. Cadres en bronze.

65 — Miniature ronde, fixé sous verre, sujet Teniers. — Mosaïque ronde d'après l'antique : Pigeons. Deux pièces.

66 — Deux miniatures ovales encadrées : Portraits de femmes.

67 — Trois miniatures rondes ou ovales, encadrées : Portraits de femmes.

68 — Grande miniature, de forme ronde, encadrée : Portrait de femme en costume Louis XV.

69 — Cinq petites miniatures ovales dans un cadre en velours et cuivre : Portraits de femmes.

70 — Deux miniatures : l'une ronde, Portrait de jeune femme coiffée d'un bonnet ; l'autre ovale, Portrait de Mme de Pompadour. Cadres en bronze ou bois.

71 — Deux miniatures ovales : Portraits de femmes, dont l'une d'après NATTIER.

72 — Deux miniatures ovales Empire : Portraits d'officiers.

73 — Deux petites miniatures ronde et ovale : Portraits de femme et de jeune garçon.

74 — Deux miniatures ovales : Portraits de jeunes femmes.

75 — Gouache rectangulaire, d'après CHALLE : The Officious waiting woman.

76 — Miniature de forme rectangulaire : Portrait de jeune femme décolletée.

77 — Deux grandes miniatures ovales : Portraits de femmes.

78 — Miniature de forme ovale Empire : Portrait de femme décolletée. Signée : *Bordes*, et datée.

79 — Deux miniatures rondes peintes en grisaille : la Marchande d'Amours et Amours dessinant.

80 — Deux miniatures ronde et ovale, d'après LAWREINCE et FRAGONARD : Portrait de femme en grand chapeau et le Conseil de l'Amour.

81 — Grande miniature ovale : Jeune femme en buste décolletée devant son miroir. Cadre en bronze.

82 — Miniature de forme ronde Empire : Portrait de femme décolletée, coiffée d'un turban.

83 — Miniature rectangulaire à vue ovale, gouachée : Portrait d'homme en habit rouge, décoré de nombreux ordres. Époque Louis XV.

84 — Miniature ronde Restauration : Portrait d'un officier. Cadre en bois doré.

85 — Miniature ovale Louis XVI : Portrait de jeune femme coiffée d'un voile et brodant.

86 — Miniature ovale de l'Ecole anglaise : Portrait d'homme. Cadre en bronze.

87 — Miniature rectangulaire : Portrait de jeune femme, appuyée sur un coussin.

88 — Grande miniature rectangulaire, représentant une Rixe. Signée.

89 -- Deux miniatures ronde ou rectangulaire : l'une, Joseph et Madame Putiphar ; l'autre, un sujet Watteau.

90 — Deux miniatures rondes Empire : Portraits de femmes. Une dans un écrin en galuchat et muni d'une glace.

91 — Deux miniatures ovales Empire : Portraits d'officiers.

92 — Deux miniatures ovales : Portraits de femmes. Cadres : l'un en or, l'autre en cuivre doré.

93 — Deux miniatures : l'une ovale, Portrait de femme ; l'autre ronde, Jeune fille assise.

94 — Deux miniatures à l'huile : Portraits de femmes.

95 — Deux miniatures Louis XVI de forme ronde ou ovale : Portraits d'hommes.

96 — Deux miniatures ovales : Portraits de femmes Empire et Restauration. Signées.

97 — Deux miniatures ovales : Portraits de jeunes femmes, l'une tenant un livre. Cadres en bronze.

98 — Miniature ovale Régence : Portrait de femme en corsage bleu décolleté. Cadre-médaillon en cuivre doré.

99 — Deux miniatures ovales Louis XVI et Empire : Portraits d'hommes.

100 — Deux miniatures ovales : Portraits de femmes en costume Louis XIV. Cadres en bronze doré.

101 — Deux miniatures peintes à l'huile : l'une ronde, Portrait de jeune homme ; l'autre ovale, Portrait d'homme à collerette Louis XIII.

102 — Petite miniature peinte à l'huile : Portrait d'homme Louis XIII. Cadre en argent ajouré à rinceaux.

103 — Deux miniatures ovales, dont une peinte à l'huile : Portraits d'hommes à grande perruque.

104 — Deux miniatures : l'une ronde, Portrait de femme à la lyre ; l'autre, de Portrait de femme, forme ovale.

105 — Miniature de forme ovale, de l'École anglaise : Portrait d'un officier en uniforme rouge.

106 — Deux miniatures Empire de forme ovale : Portraits de deux officiers ; l'une des deux est signée : *Genty*, et datée : *1807*.

107 — Deux miniatures rondes : Portraits d'hommes du temps de la Révolution. L'une des deux est dans un cadre-médaillon en or.

108 — Miniature peinte à l'huile de forme ovale : Portrait de jeune homme de l'École hollandaise du XVIIe siècle. Cadre en bois guilloché de forme octogonale.

109 — Deux miniatures Empire de forme ovale : Portraits de femmes ; l'une des deux est signée : *Perrin*.

110 — Deux petits dessins de forme ovale, au crayon : Portraits d'homme et de femme. Signés et datés : *Boudon, 1797*.

111 — Miniature rectangulaire Restauration : Portrait du duc de Reichstadt en uniforme blanc. Cadre en bronze.

112 — Miniature ovale Empire : Portrait d'un officier général tenant un livre. Signée : *Pradier*. Cadre en bois doré.

113 — Miniature rectangulaire peinte en émail du XVIIe siècle : la Luxure. Cadre en bois et velours.

114 — Miniature ovale peinte à l'huile sur métal, du temps de Louis XIV : Portrait de jeune femme décolletée et parée de perles. Cadre octogonal en ébène et écaille.

115 — Deux miniatures ovales Empire : Portraits de femme et jeune fille.

116 — Deux miniatures ovales : Portraits de femmes en coiffure bouclée La Vallière ; l'une est signée : *Challiot*.

117 — Grande miniature ovale Empire : Portrait de femme décolletée, en robe jaune, parée de fleurs et de perles.

118 — Deux miniatures ovales : Portraits de femmes

119 — Deux miniatures rondes, peintes sur émail, de la fin du xviiie siècle : Portraits d'hommes ; l'une est signée : *J. Roch*.

120 — Miniature ovale du xviiie siècle : Jeune garçon tenant une marmotte.

121 — Miniature ovale Restauration : Portrait de jeune femme décolletée. Signée : *Renaud*, et datée : *1822*.

122 — Grande miniature ovale Restauration : Portrait de femme en robe grise, ornée de dentelle. Signée et datée : *Bouchardy, 1830*.

123 — Grande miniature rectangulaire Restauration : Portrait d'un officier en uniforme rouge, brodé d'or.

124 — Miniature ronde Louis XVI : Portrait de femme avec un petit chien.

125 — Deux miniatures ovales Louis XVI et Restauration : Portraits d'hommes ; la seconde est signée : *Cior*.

126 — Miniature rectangulaire : Portrait d'une reine assise, en costume Louis XV.

127 — Deux miniatures Restauration, de forme ovale : Portraits d'hommes.

128 — Deux miniatures ovales Restauration : Portraits d'hommes ; l'une des deux est signée et datée : *Vidal, 1837*.

129 — Grande miniature rectangulaire de la Restauration : Portrait de femme, vue à mi-corps, assise dans un parc, décolletée, un petit chien sur ses genoux. Au revers, on lit l'inscription anglaise suivante : *Plainted May 1820 by Mr B. Delacour*.

130 — Grande miniature rectangulaire : Portrait d'homme, d'après un tableau de l'École italienne de la Renaissance.

131 — Deux miniatures rondes du XVIIIe siècle : Jeune femme et amour dans un parc. — Portrait d'un chasseur debout dans un paysage.

132 — Miniature ovale de la Restauration : Portrait d'homme. Cadre-médaillon en or, avec cheveux au revers.

133 — Grande miniature rectangulaire de la Restauration : Portrait de femme, vue à mi-corps, assise, en robe rose décolletée et accoudée sur un coussin recouvert d'une étoffe bleue. Fond de paysage.

134 — Deux miniatures ovales du xviiie siècle : Portraits d'hommes, l'un décoré d'un grand cordon bleu.

135 — Miniature ovale Louis XVI : Portrait de jeune femme, dans la manière de Greuze.

136 — Miniature ronde du xviiie siècle, dans un écrin en galuchat : Sujet galant.

137 — Miniature ronde Louis XVI : Portrait de jeune femme assise à son bureau auprès d'un chiffonnier.

138 — Miniature ronde : Portrait de jeune femme, coiffée d'un grand chapeau. Cadre en bronze.

139 — Deux miniatures ovales de la Restauration : Portraits d'hommes; l'une d'elle est signée et datée : *Sicardi, 1820.*

140 — Deux miniatures du xviiie siècle : l'une ronde, Portrait d'homme en habit à revers; l'autre ovale, Portrait d'un prélat.

141 — Miniature ovale : Portrait de femme décolletée en costume Louis XVI. Cadre en bois doré.

142 — Miniature ovale Empire : Portrait d'homme en habit à revers et cravate blanche.

143 — Miniature ronde Empire, peinte en émail : Portrait d'homme. Au revers de l'émail, se lit l'inscription : *Joseph Armingaud, etc... Fait à Paris, en 1810.* Signée : *Soiron.*

144 — Miniature ovale de la fin du XVIIIe siècle : Portrait d'homme en habit à revers.

145 — Miniature ovale Louis XVI : Portrait d'homme âgé.

146 — Miniature ronde de la fin du XVIIIe siècle : Portrait d'homme en habit bleu à revers, gilet rayé jaune et cravate blanche. Cadre en bronze doré.

147 — Miniature ronde de la fin du XVIIIe siècle : Portrait d'homme.

148 — Miniature ovale de la fin du XVIIIe siècle : Portrait d'homme. Signature en bas à droite, peu lisible. Cadre en or, avec chiffre en cheveux au revers.

149 — Miniature ronde Louis XVI : Portrait d'un prélat, décoré d'ordres. Signée : *H. Dubourg, 1788.*

150 — Miniature Louis XVI, de forme ronde : Portrait de femme en corsage décolleté et fichu de linon.

151 — Miniature ronde Louis XVI : Portrait d'homme. Signée à gauche : *Aresse.*

152 — Miniature ronde Empire : Portrait de femme en corsage blanc et écharpe rouge sur les épaules.

153 — Miniature ronde Louis XVI : Portrait d'homme en habit changeant et jabot de dentelle.

154 — Petite miniature ovale Louis XVI : Portrait de femme décolletée, avec haute coiffure ornée d'un ruban. Signée en bas à droite : *Le Sage*. Cadre médaillon en argent doré, avec cheveux tressés.

155 — Petite miniature ovale du XVIIIe siècle : Portrait du jeune duc de Choiseul. Cadre en or.

156 — Petite miniature ovale Louis XVI : Portrait d'homme en habit blanc, gilet bleu et jabot de dentelle. Cadre-médaillon en or, avec tresse de cheveux et chiffres au revers.

157 — Miniature ovale de la fin du XVIIIe siècle, peinte en émail : Portrait d'homme en habit rayé, gilet à revers jaune brodé et jabot de linon. Cadre-médaillon en or, avec cheveux au revers.

158 — Miniature ronde Empire : Portrait de jeune femme en robe blanche, avec col de linon et écharpe rouge sur les épaules. Fond de parc.

159 — Miniature ovale Empire : Portrait de jeune garçon en habit bleu et large col de linon.

160 — Miniature rectangulaire Restauration : Portrait de jeune femme en robe blanche décolletée. Signée à droite : *Troivaux*, et datée : *1829*. Cadre en citronnier.

161 — Grande miniature rectangulaire de l'École anglaise du commencement du XIXe siècle : Portrait du général Talbot. Cadre en cuivre.

162 — Miniature ovale Restauration : Portrait de jeune femme drapée d'une étoffe bleue. Datée : *1826*, avec une initiale : D.

163 — Miniature ronde gouachée : Sujet pastoral. XVIIIe siècle.

164 — Grande miniature Restauration : Portrait de jeune femme décolletée. Signée et datée à gauche : *Menier*, *1829*.

165 — Petite miniature peinte en émail, de forme octogonale, composition d'après WILLE : l'Essai du corset. Cadre en bois doré.

166 — Six petites miniatures peintes en émail du XVIIIe siècle : Portraits d'hommes, de femmes ou sujet allégorique.

MINIATURES

MONTÉES SUR BOITES

BONBONNIÈRES EN ÉCAILLE, IVOIRE, VERNIS, ETC.

167 — Deux boites ovales, décorées au vernis : l'une, à sujets pastoraux ; l'autre, à paysages animés de petits personnages.

168 — Deux boites rondes, décorées au vernis : l'une, offre sur le dessus un paysage avec berger et son troupeau ; l'autre, des paysages, bords de rivières animés de pêcheurs.

169 — Deux boites rondes, décorées au vernis, offrant sur les couvercles des compositions à plusieurs personnages.

170 — Deux boites oblongues : l'une, décorée au vernis sur le couvercle ; l'autre, d'un médaillon ovale peint en émail : Sujet galant.

171 — Boite ronde entièrement décorée au vernis ; sur le couvercle, sujet d'après Lawreince : Qu'en dit l'abbé ?

172 — Boite ronde en écaille, le couvercle orné d'appliques en métal et nacre gravée.

173 — Deux boites rondes : l'une, en racine, avec miniature ronde sur le couvercle : Portrait de

femme en coiffure Louis XIV; l'autre, incrustée d'étoiles, avec couvercle orné d'une miniature : Portrait de femme Louis XV.

174 — Deux petites boites rondes ou bonbonnières en écaille blonde et poudre d'écaille, avec couvercles ornés de petites miniatures : l'une, en grisaille : Amour; l'autre, sujet galant en couleur. XVIIIe siècle.

175 — Deux petites boites rondes en argent guilloché et doré, ornées sur les couvercles de petits médaillons en émail : Portrait de femme et bergère pêchant.

176 — Deux boites rondes : l'une, en bois et paille; l'autre, en nacre et cuivre, ornées de miniatures sur les couvercles.

177 — Boite ronde Louis XVI en racine, ornée sur le couvercle de deux miniatures : Portraits d'homme et de femme, appliquées sur fond de cheveux.

178 — Deux boites : l'une, ronde; l'autre, ovale, en ivoire et écaille ornées sur les couvercles de miniatures : Portraits d'hommes.

179 — Deux boites rondes : l'une, en racine avec miniature : Portrait d'homme; l'autre, avec médaillon rond en émail à sujet pastoral.

180 — Deux boites rondes en poudre d'écaille de couleur, ornées sur les couvercles de compositions allégoriques. XVIIIe siècle.

181 — Boite ronde en écaille doublée d'or à l'intérieur et ornée sur le couvercle ainsi que sur le dessous de deux miniatures Empire : Portraits de femmes, signées : *Charioux*.

182 — Deux boites rondes : l'une en ivoire, l'autre en racine, ornées chacune sur le couvercle d'une miniature : Portrait de femme Louis XV et Empire.

183 — Boite ronde Louis XVI en ivoire et filets d'écaille, ornée sur le dessus d'une miniature : Combat de cavalerie, dans la manière de DUPLESSIS.

184 — Boite ronde Louis XVI en ivoire cerclée d'écaille et ornée sur le dessus d'une miniature : Paysage maritime animé de personnages.

185 — Boite ronde Louis XVI en écaille, ornée sur le dessus d'une miniature : Portrait de jeune femme.

186 — Boite ronde Louis XVI en bois décoré au vernis et ornée sur le couvercle d'une petite miniature : Portrait de jeune femme.

187 — Boite ronde Louis XVI en poudre d'écaille, ornée sur le couvercle d'une miniature : Sujet familial.

188 — Boite ronde Louis XVI en écaille, garnie d'or et ornée sur le couvercle d'une miniature Louis XV : Portrait de femme et Amour.

189 — Deux boites rondes : l'une en écaille avec couvercle orné d'un sujet en étain : Prise du gouverneur de la Bastille; l'autre avec miniature, d'après FRAGONARD : la Fontaine d'amour.

190 — Deux boites rondes : l'une en écaille, ornée sur le dessus d'une composition allégorique avec devise : *Un même penchant les unit;* l'autre, ornée sur le couvercle d'une miniature : Portrait de Louis XVI.

191 — Grande boite ronde en ivoire, avec grande miniature d'après LAWREINCE : Portrait de jeune femme en grand chapeau.

192 — Boite ronde Louis XVI en ivoire, ornée sur le couvercle d'une miniature : Portrait d'homme en habit à revers.

193 — Boite ronde Louis XVI en écaille, ornée sur le couvercle d'une miniature ovale : Portrait de femme, la chevelure coiffée d'un voile.

194 — Boite ronde Louis XVI en écaille galonnée d'or et ornée sur le couvercle d'une miniature ovale : Portrait de jeune femme décolletée, le corsage et la chevelure parés de fleurs.

195 — Boite ronde Louis XVI en écaille galonnée et ornée sur le dessus d'une miniature ronde : Portrait d'homme en habit bleu, gilet jaune et cravate blanche, par Augustin. Signée et datée : *1795*.

OBJETS DE VITRINE

BIJOUX, ÉTUIS, BOITES EN ÉMAIL, BOITES A MOUCHES, ETC.

OBJETS DIVERS

196 — Châtelaine en cuivre, avec montre Louis XVI en or, avec breloques et pendentif.

197 — Châtelaine en argent doré, avec montre Louis XVI en or, décorées toutes deux de médaillons émaillés : Bustes de femmes.

198 — Châtelaine avec sa montre en or émaillées en couleur de petits paysages animés de bateaux et pêcheurs.

199 — Quatre broches ou médaillon en nacre, émail ou verre églomisé, à monture de métal ou argent.

200 — Trois médaillons ovales en porcelaine décorée, avec bustes de femmes. — Profil du roi Henri IV en biscuit.

201 — Manche de couteau en porcelaine décorée. — Deux flacons en porcelaine, à monture de métal ou d'argent doré.

202 — Trois étuis cylindriques, décorés au vernis à sujets pastoraux.

203 — Étui à flacons et étui à tablettes, décorés au vernis à sujets de marine ou composition galante.

204 — Deux plaques de bourse en ancien émail de Limoges : Portraits de Louis XV et de Marie-Leczinska. — Plaque rectangulaire, émail en grisaille.

205 — Deux boites à mouches rectangulaires, ornées sur le dessus des médaillons-profils de Louis XVI et Marie-Antoinette.

206 — Deux autres analogues à sujets variés.

207 — Pendulette porte-montre, forme édicule, en argent. Elle est munie d'une montre.

208 — Boite de toilette oblongue à pans coupés en argent repoussé, à médaillons de personnages et couronne sur le dessus, avec rinceaux au pourtour.

209 — Porte-carte en filigrane d'argent.

210 — Boite ovale en cuivre gravé et doré. — Drageoir en cristal gravé à personnages et rocailles.

211 — Drageoir Louis XV en nacre gravée et monture d'argent.

212 — Étui-souvenir d'amitié Louis XVI en ivoire à monture d'or. Il est orné sur l'une des faces d'une miniature : Groupe de deux portraits, et sur l'autre d'un médaillon : sujet allégorique avec l'inscription : *Don d'Amitié.*

213 — Deux drageoirs en émail, décorés en camaïeu.

214 — Deux grandes boites, de forme contournée, en émail, à décor de personnages en grisaille, couleur et dorure.

215 — Trois bonbonnières en émail ou porcelaine, décorées en camaïeu ou couleur de personnages ou attributs.

216 — Deux boites rectangulaires en émail, décorées en couleur à sujets de personnages.

217 — Trois boites rectangulaires en émail ou porcelaine, décorées en couleur à sujets de personnages ou marine.

218 — Trois boites, de formes variées, en céramique, décorées en camaïeu à sujets de personnages.

219 — Boite ovale en ancien émail, décorée en couleur à sujet de personnages sur le couvercle, guirlandes et bustes au pourtour.

220 — Boite ovale en argent, ornée sur le couvercle d'un camée : Profil de femme.

221 — Boite rectangulaire à pans coupés en argent doré et émaillé, ornée sur le dessus d'une miniature en émail : Portrait de la reine Marie-Antoinette.

222 — Grande boite à flacons et petits ustensiles entièrement émaillée en couleur, dans le goût du XVIe siècle. — Boite oblongue en cuivre, ornée sur le dessus d'un sujet émail.

223 — Boite rectangulaire en argent gravé et doré, partiellement émaillée en couleur : Sujet pastoral, fleurs et attributs.

224 — Vitrines.

225 — Objets omis au présent Catalogue.

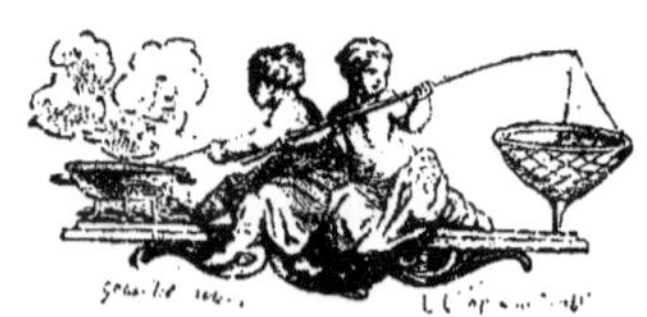

www.ingramcontent.com/pod-product-compliance
Lightning Source LLC
LaVergne TN
LVHW010009230826
846092LV00002B/725

* 9 7 8 2 3 2 9 4 9 5 4 1 5 *